Daniela Tannus Ramos

Inglês para Comércio Exterior

© 2012 Daniela Tannus Ramos
Preparação de texto: Gabriela Morandini / Verba Editorial
Capa e Projeto gráfico: Alberto Mateus
Diagramação: Crayon Editorial
Assistente editorial: Aline Naomi Sassaki
Fotos: iStockphoto

Dados Internacionais de Catalogação na Publicação (CIP)
(Câmara Brasileira do Livro, SP, Brasil)

Ramos, Daniela Tannus
   Inglês para comércio exterior / Daniela Tannus Ramos. –
Barueri, SP : Disal, 2012.

   Bibliografia.
   ISBN 978-85-7844-110-4

   1. Comércio exterior 2. Inglês – Estudo e ensino I. Título.

12-07513   CDD-420.7

Índices para catálogo sistemático:
1. Inglês instrumental : Área de comércio exterior :
   Estudo e ensino   420.7

Todos os direitos reservados em nome de:
Bantim, Canato e Guazzelli Editora Ltda.

Alameda Mamoré 911 – cj. 107
Alphaville – BARUERI – SP
CEP: 06454-040
Tel. / Fax: (11) 4195-2811
Visite nosso site: www.disaleditora.com.br
Televendas: (11) 3226-3111

Fax gratuito: 0800 7707 105/106
E-mail para pedidos: comercialdisal@disal.com.br

Nenhuma parte desta publicação pode ser reproduzida, arquivada ou transmitida
de nenhuma forma ou meio sem permissão expressa e por escrito da Editora.

Para minha mãe, *in memorian*

Agradeço àqueles sem os quais este livro
não teria sido possível:

Minha família, pelo suporte e carinho.
Ernesto Pasqualin, por seu acolhimento, sua
orientação e valiosíssimas sugestões.

CONTENTS

UNIT 1. . . . . **09**

Continents and Countries

· Locating countries and continents

UNIT 2 . . . . **13**

Reading Maps

· Adjectives and adverbs of location

UNIT 3 . . . . **19**

Regions and Sub regions

· Defining the countries in each region and sub region

· Guessing vocabulary from context

UNIT 4 . . . . **29**

Numbers in Trade

· Reading and writing numbers in English

UNIT 5 . . . . **39**

Port Facilities

· Parts and facilities in a port

· Types of vessels

· There is / there are

UNIT 6 . . . . **53**

Brazilian Import Procedures and Duties

· Vocabulary: abbreviations and acronyms (taxes)

· Reading: Siscomex and Imports in Brazil

UNIT 7 . . . . **65**

Incoterms

· Vocabulary: the process of Transfer of goods

· Acronyms: Incoterms

· Infinitive after prepositions ('responsible for...')

UNIT 8 . . . . **77**

Negotiation Stage

· Steps (and documents) in a negotiation

· Describing the negotiation stage (Simple Present)

· Filling in documents in a negotiation stage
  (technical vocabulary)

UNIT 9 . . . . **103**

International Payments

· Order words (First, then, etc.)

· Reading and describing advanced payment, open account
  trading, draft payment, and letter of credit (Simple Present)

· Guessing vocabulary meaning from context

ANSWER KEY **121**

UNIT 1

CONTINENTS, COUNTRIES

Locating countries
and continents

Inglês para Comércio Exterior

A. CONTINENTS

EXERCÍCIO 1

Há cinco continentes e dois subcontinentes numerados no mapa abaixo. Escreva, em inglês, os nomes de cada continente ao lado do número correspondente.

1
1A
1B
2
3
4
5

B. COUNTRIES

EXERCÍCIO 1

Escreva os países abaixo na coluna referente ao continente a que pertencem. Tente escrever dois novos países em cada coluna (em inglês).

United States – Mexico – Canada – Russia – India – Argentina – France – Japan – Australia – Egypt – Bangladesh – Norway – Vietnam – Belarus – Ukraine – New Zealand – Spain

AMERICA	EUROPE	AFRICA

ASIA	OCEANIA

UNIT 2
READING MAPS

Adjectives and adverbs
of location

Em Comércio Exterior, não só o conhecimento dos países e continentes é importante, mas também sua localização. Afinal, para fins da identificação de blocos, regiões econômicas, políticas ou geográficas, certas palavras e expressões são comumente utilizadas. É importante, portanto, que o profissional desta área esteja familiarizado com tais termos e expressões.

Há quatro pontos cardeais básicos: *North, South, West, and East.*

E há os chamados pontos colaterias: *Northwest, Northeast, Southeast, and Southwest.*

Reading Maps

EXERCÍCIO 1

Ligue os países à esquerda com as localizações à direita, de acordo com o mapa abaixo.

A. Denmark — ☐ It's in the northern part of Europe, South of Sweden.

B. Germany — ☐ It's in the southern part of Europe, South of Germany.

C. United Kingdom — ☐ It's in the eastern part of Europe, South of Belarus.

D. Ukraine — ☐ It's in the northern part of Europe, North of Germany.

E. Italy — ☐ It's in the northwestern part of Europe, North of France.

15

LANGUAGE STUDY

Veja as seguintes frases.
1. Russia is in the eastern part of Europe.
2. Italy is in the southern part of Europe.
3. Sweden is in the northern part of Europe.
4. Russia is North of Ukraine.
5. France is South of England.

a. Quais frases indicam a *região* onde o país se encontra?

b. Quais frases indicam a localização do país utilizando *outro país* como referência?

Agora veja a seguinte sentença.
France is in the western part of Europe, West of Spain.

a. Encontre o verbo dessa sentença.

b. Quantas palavras (pontos cardeais) são utilizadas para dar a localização da França?

c. As palavras estão escritas da mesma maneira? Qual a diferença?

Em inglês, as palavras que vêm com a terminação ern são adjetivos que caracterizam a região e vêm, geralmente, seguidas das palavras *region, area, part*. Já as palavras sem a terminação são advérbios e são seguidas da preposição *of*.

EXERCÍCIO 2

Veja abaixo o mapa dos Estados Unidos. Seguindo as indicações (1 a 8), complete a cruzadinha com os nomes dos estados.

Inglês para Comércio Exterior

Horizontal

2. It is in the western part of USA, West of Utah.

4. It is in the eastern part of USA, South of Virginia.

7. It is in the Northeastern part of USA, North of Massachusetts.

8. It is in the southern part of USA, South of Oklahoma.

Vertical

1. It is in the southeastern part of USA, South of Georgia.

3. It is in the southwestern part of USA, East of California.

4. It is in the northern part of USA, East of Montana.

5. It is in the central part of USA, South of Nebraska.

6. It is in the northwestern part of USA, South of Washington.

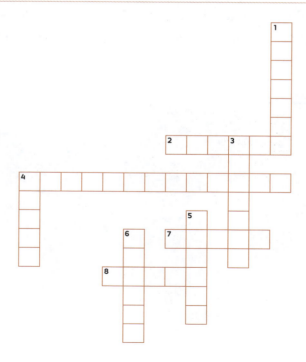

UNIT 3
REGIONS AND SUB REGIONS

Defining the countries in each region and sub region

Guessing vocabulary from context

Os países podem ser agrupados em regiões e sub-regiões. É comum referir-se, por exemplo, aos países árabes em geral como o Oriente Médio. É importante que o profissional da área de Comércio Exterior esteja familiarizado com estas denominações em inglês.

EXERCÍCIO 1

De acordo com o mapa da Ásia, abaixo, preencha os parênteses com as letras das sub-regiões (A a F), ligando-as aos nomes corretos.

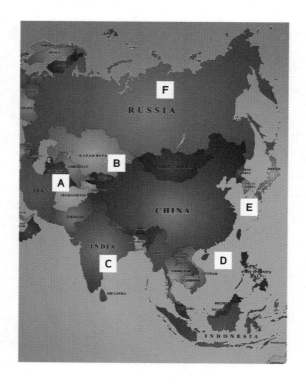

1	☐ Northern Asia
2	☐ Far East
3	☐ Middle East
4	☐ Southern East
5	☐ Central East
6	☐ Southeastern Asia

Em sua opinião, quais países fazem parte de cada sub-
-região?

A

B

C

D

E

F

READING

EXERCÍCIO 1

Antes de ler o texto, veja o mapa abaixo e faça uma lista
de quais regiões você acha que a Europa pode ter. Qual
o nome que cada região teria em inglês?

A _____ _____
B _____ _____
C _____ _____
D _____ _____
E _____ _____
F _____ _____

EXERCÍCIO 2

Procure os nomes das sub-regiões da Europa nos textos 1 e 2, nas próximas páginas, e verifique se os nomes em inglês dados por você estavam corretos.

· Texto 1

EXERCÍCIO 1

Algumas palavras em inglês são parecidas com o português. Leia o texto abaixo procurando palavras que sejam parecidas com o português e faça uma lista.

For its official works and publications, the United Nations Organization groups countries under a classification of regions.

Western Europe refers to the countries generally in the western part of Europe, but the definition is complex and has political connotations. As a result, geographically eastern countries (Finland, Greece) that were not under the Soviet influence during the Cold War are usually included, and Western members of the former Eastern Bloc (Czech Republic, Slovenia) are excluded.

In addition, the term has geographic, economic and cultural aspects. Since the end of World War II, the term has been used to describe the developed countries of Western Europe, characterized by democratic political systems, alliance with the United States, and membership in NATO.

Eastern Europe is a term that applies to the geopolitical region encompassing the eastern part of the European continent. The United Nations Statistics Division considers Eastern Europe to consist of the following ten countries: Belarus, Bulgaria, Czech Republic, Hungary, Moldova, Poland, Romania, Russia, Slovakia, Ukraine.

EXERCÍCIO 2

Agora, procure as palavras em um dicionário e veja se suas ideias estavam corretas.

EXERCÍCIO 3

Sublinhe as palavras que você não conhece. Tente adivinhar seu significado. Escreva-as abaixo, com seu significado ao lado.

A

B

C

D

E

F

EXERCÍCIO 4

Procure as palavras em um dicionário e verifique se suas ideias estavam corretas.

Regions and Sub regions

· Texto 2

EXERCÍCIO 1

O texto 2 é sobre *Northern Europe* e *Southern Europe*.
Antes de lê-lo, faça uma lista com os países que, em sua
opinião, fazem parte de cada sub-região.

NORTHERN EUROPE	SOUTHERN EUROPE

EXERCÍCIO 2

Leia o texto e verifique se você adivinhou corretamente.

Northern Europe is the northern part or region of Europe. The United Nations defines Northern Europe as including the following countries and regions: Denmark, Faroe Islands, Estonia, Finland, Åland Islands, Iceland, Ireland, Latvia, Lithuania, Norway, Svalbard and Jan Mayen, Sweden, United Kingdom, Isle of Man, Channel Islands: Guernsey and Jersey.

The term **Southern Europe**, at its most general definition, is used to mean 'all countries in the south of Europe'. However, the concept has had different meanings,

Inglês para Comércio Exterior

providing political, linguistic and cultural context to the definition in addition to the typical geographical, climatic approach. Most southern European countries border the Mediterranean Sea. Southern Europe, as defined by the United Nations comprises the following countries and territories: Albania, Andorra, Bosnia and Herzegovina, Croatia, Greece, Italy (including: Sardinia and Sicily), Republic of Macedonia, Malta (including: Gozo), Montenegro, Portugal (including: Madeira and Azores), San Marino, Serbia, Slovenia, Spain and Vatican City.

» **Adapted from:** <http://en.wikipedia.org/wiki/Western_Europe>; <http://en.wikipedia.org/wiki/Northern_Europe>; <http://en.wikipedia.org/wiki/Central_Europe>. **Access:** March 2012.

EXERCÍCIO 3

Leia os textos 1 e 2 e responda às seguintes perguntas.

1. De acordo com os textos 1 e 2, quem é o responsável por dividir a Europa em *Northern, Southern, Western, Eastern* e *Central Europe*?

2. Quais sub-regiões são determinadas apenas geograficamente?

3. Há alguma sub-região definida por questões políticas? Qual(quais)? Quais são os aspectos políticos mencionados no texto?

4. É mencionado no texto algum outro aspecto como critério para a definição de sub-regiões da Europa? Quais?

5. Quais são os países que pertencem a *Eastern Europe*?

UNIT 4
NUMBERS IN TRADE

Reading and writing numbers in English

EXERCÍCIO 1

Números são de grande importância para o Comércio Exterior pois são utilizados em várias funções. Faça uma lista dos diversos usos dos números na área.

A
B
C
D
E
F

EXERCÍCIO 2

Veja a lista de palavras abaixo. Você acha que alguma delas está na lista que você fez no exercício anterior? Quais? Escreva as palavras *em inglês* ao lado das palavras correspondentes da sua lista em português.

Date – Telephone number – Document – Volume – Area – Price – Money – Exchange rate – Size – Length

Numbers in trade

EXERCÍCIO 3

Relacione os números dentro do quadro abaixo com a função correspondente (A a H).

555-2365	1.4567	USD2.50
05/06/1991	34m^2	167.890.456-98
23cm x 14cm x 23cm	25m^3	

A Date

B Telephone number

C Document number

D Volume

E Area

F Money

G Exchange rate

H Dimensions

LANGUAGE STUDY

Há diversas formas de se falar e escrever números em inglês, dependendo a que eles se referem.

Em relação a medidas e valores, por exemplo, quando se lê, pronuncia, ou escreve um número referente a isso, devem ser consideradas as unidades, dezenas, centenas, milhares e assim por diante.

Veja os números abaixo:

10 – ten	19 – nine*teen*
12 – twelve	20 – twen*ty*
13 – thir*teen*	30 – thir*ty*
14 – four*teen*	40 – for*ty*
15 – fif*teen*	50 – fif*ty*
16 – six*teen*	60 – six*ty*
17 – seven*teen*	70 – seven*ty*
18 – eigh*teen*	80 – eigh*ty*

Veja, agora, as centenas e milhares:

100 – one hundred
12,000 – twelve thousand
120 – one hundred (and) twenty
120,000 – one hundred and twenty thousand
200 – two hundred
250 – two hundred (and) fifty
1,000 – one thousand
1,200 – one thousand two hundred

OBS.: Há muita confusão com os números em inglês, pois há uma inversão na posição da vírgula e do ponto em relação ao português, o que dificulta o seu entendimento. Em inglês, a ',' (vírgula) aparece entre os milhares e as centenas (e entre os milhões e os milhares, e assim por diante), e o '.' (ponto) é que separa as unidades dos decimais. Para facilitar a compreensão de tal inversão, propomos uma pequena "fórmula":

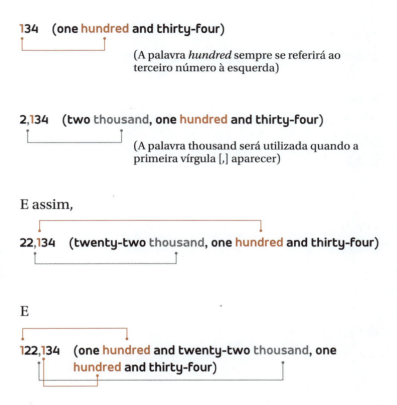

134 (one hundred and thirty-four)

(A palavra *hundred* sempre se referirá ao terceiro número à esquerda)

2,134 (two thousand, one hundred and thirty-four)

(A palavra thousand será utilizada quando a primeira vírgula [,] aparecer)

E assim,

22,134 (twenty-two thousand, one hundred and thirty-four)

E

122,134 (one hundred and twenty-two thousand, one hundred and thirty-four)

Por outro lado, como o ponto [.] (point, em inglês) representa os decimais, veja como ficam os números abaixo em inglês:

2.50 (two point fifty)

1.15 (one point fifteen)

Inglês para Comércio Exterior

EXERCÍCIO 1

Escreva os seguintes números por extenso.

a. 24

b. 324

c. 1,324

d. 51,324

e. 651,324

f. 2,500

LANGUAGE STUDY II

Se os números se referem a valores ligados a moedas (dólar, euro, libra, real), haverá uma pequena mudança na forma como devemos dizê-los (ou escrevê-los).

Se o número 2,134 (two thousand, one hundred and thirty four), for relacionado a dinheiro, temos:

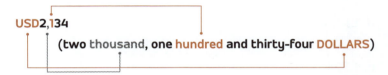

USD2,134

(two thousand, one hundred and thirty-four DOLLARS)

E, se 2.50 (two point fifty), for relacionado a dinheiro, tira-se a palavra point e esta será substituída pela palavra referente à moeda em questão. Por exemplo:

USD2.50

(two DOLLARS fifty OR two DOLLARS and fifty cents)

EXERCÍCIO 2

Escreva os seguintes números por extenso (atenção, alguns números se referem a valores de dinheiro).

a. 2.50

b. 13.65

c. USD 2.50

d. £13.50

e. €23.50

LANGUAGE STUDY III

Em Comércio Exterior, a necessidade de se fazer cálculo é frequente. Torna-se importante, portanto, conhecer também os sinais ligados às contas matemáticas, que são:

+	Plus	%	Percent
=	Equals	×	Times (or multiplied by)
−	Minus	÷	Divided by

Numbers in trade

EXERCÍCIO 3

Calcule as seguintes equações. Depois, escreva-as (e seus resultados) por extenso.

Example: USD3.50 + USD13.50 = USD17.00

Three dollars and fifty cents plus thirteen dollars and fifty cents equals seventeen dollars.

a. £2.50 + £4.15 =

b. 10% of $150,000.00 =

c. $16.95 x 2 =

d. €1,000 – 10% =

e. 1,230 – 345 =

f. $(210 \text{ kg} \times 4) - 35 \text{ kg} =$

LANGUAGE STUDY IV

Números que se refiram a documentos, números de telefone e taxas de câmbio são, por sua vez, pronunciados um por um (sem a utilização de dezenas e milhares).

Exemplos:
555-4789 – five five five four seven eight nine
1.7489 – one point seven four eight nine
P56194112 – P five six one nine four one one two

Alguns exemplos de outros usos de números em Comércio Exterior:
32m^2 – thirty-two **square meters**
45m^3 – forty-five **cubic meters**
13m x 24m x 13m – thirteen meters **BY** twenty-four meters **BY** thirteen meters

UNIT 5
PORT FACILITIES

Parts and facilities in a port

Types of vessels

There is / there are

Inglês para Comércio Exterior

O maior volume de carga importada ou exportada no Brasil é transportado por via marítima. É de grande importância, portanto, que se conheça bem o vocabulário relacionado às partes e instalações encontradas em um porto.

EXERCÍCIO 1

Leia o texto abaixo. As palavras sublinhadas e em negrito se referem a partes e instalações de um porto. Com a ajuda do texto, ligue as palavras e expressões aos significados corretos.

Capitão Besnard (a Brazilian ship) is reaching the port of Salvador, located in a natural **harbor** with good natural conditions. It will enter through the **approach channel** and turn off the engines. Then, a **tug boat** will come to take the *Capitão Besnard* to the **maneuvering basin** so that the vessel can turn and stop. There aren't any waves in the harbor because the **breakwater** protects it. Some ships will come alongside the **pier**. Many people work in the ports and there are many **port facilities**.

Harbor ☐	**a.** Rebocador
Port facilities ☐	**b.** O canal pelo qual as embarcações entram no porto
Maneuvering basin ☐	**c.** Estrutura que protege o porto (quebra-mar)
Breakwater ☐	**d.** Instalações de um porto
Pier ☐	**e.** Área protegida para embarcações
Approach channel ☐	**f.** Parte do porto utilizada para manobras
Tug boat ☐	**g.** Uma passarela sobre a água sustentada por pilares

EXERCÍCIO 2

Agora escreva as palavras abaixo ao lado da figura correspondente.

tug boat – harbor – crane – quay (or wharf) – pier – berth – breakwater – warehouse (shed) – buoy – barge

1 _____

2 _____

Inglês para Comércio Exterior

3

4

5

6

7

8

9

10

Port Facilities

EXERCÍCIO 3

Veja a foto do porto abaixo e responda às perguntas a seguir.

1. Is there an approach channel?

2. Is there a breakwater?

3. Are there any cranes? How many (quantos)?

4. Is there a maneuvering basin?

Inglês para Comércio Exterior

LANGUAGE STUDY

As três frases a seguir estão descrevendo o que existe em um determinado porto. Leia-as e responda às perguntas (A, B e C).

1. There are three buoys – one near the breakwater, one on the northern part of the harbor, and one near the eastern part of the harbor.
2. There is a pier near the first buoy.
3. There aren't any cargo ships.

a. Identifique o verbo em cada frase. Escreva-os abaixo.

---

b. Qual é o singular e qual é o plural desse verbo?

---

c. Você conhece a forma negativa desse verbo? Escreva-a abaixo.

OBS.: Em cada frase abaixo há um erro. Identifique-o e reescreva as frases.

1. Have a cargo ship in this port.

Port Facilities

2. There has a pier in this port.

3. There does not have a ship in this port.

4. The port there has an approach channel.

WRITING

EXERCÍCIO 4

Escreva frases que descrevam o porto da próxima página utilizando o verbo *there to be*.

Exemplo: There are two warehouses on the northeastern part of the port.

1.

2.

3.

4.

5.

Inglês para Comércio Exterior

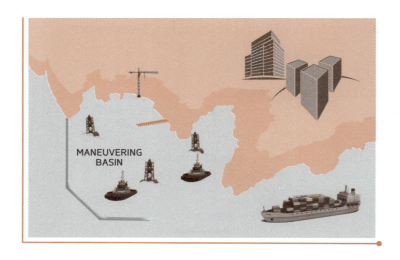

· **Texto**

Antes de ler o texto, vamos estudar o vocabulário. Ligue cada figura à esquerda à palavra correspondente à direita.

A   ☐ **1.** Container

B   ☐ **2.** Hatch

Port Facilities

C 	☐	**3.** Loading gear
D	☐	**4.** Coal
E	☐	**5.** Steel
F	☐	**6.** Metal ore

· **Texto 1**

EXERCÍCIO 1

Encontre no texto 1 as respostas para as perguntas abaixo. Tente trabalhar o mais depressa que puder.

47

a. O que é um *freighter*?

b. Que equipamentos podemos encontrar em um *cargo ship*?

c. A que se refere a expressão *25 to 30*?

The cargo is carried into a port on means of transportation called vessels or ships. A **cargo ship** or **freighter** is any type of ship or vessel that carries cargo, goods, and materials from one port to another. Cargo ships are usually specially designed for the task, usually equipped with cranes and other mechanisms to load and unload, and come in all sizes. Today, they are almost always built of welded steel, and with some exceptions generally have a life expectancy of 25 to 30 years before being scrapped.

Specialized types of cargo vessel include container ships and bulk carriers (technically tankers of all sizes are cargo ships, although they are routinely thought of as a separate category).

» **Source: adapted from:** <http://en.wikipedia.org/wiki/Cargo_ship>; <http://en.wikipedia.org/wiki/Container_ships>; <http://en.wikipedia.org/wiki/Bulk_carrier>. **Access: March 2012**.

· Texto 2

EXERCÍCIO 2

Encontre os seguintes números, nomes e sigla no texto abaixo e escreva o que significam. Tente trabalhar o mais rápido que puder.

a. TEU –

b. 15,200 –

c. M/V *Emma Mærsk* –

Container ships are cargo ships that carry their entire load in containers. Capacity is measured in Twenty-foot equivalent unit (TEU), the number of standard 20-foot containers measuring 20 × 8.0 × 8.5 feet (6.1 × 2.4 × 2.6 meters) a vessel can carry. Above a certain size, container ships do not carry their own loading gear, so loading and unloading can only be done at ports with the necessary cranes. They usually have large hatches.

The term "general (multipurpose) cargo ships" covers many different ship designs that do not fit into other more specialized cargo ship types. Thus, general cargo ships are not specialized for transport of only dry bulks, only containers or only heavy-lift cargoes, but they have flexibility to carry any of these cargo types. The general cargo ship consists of a large clear open cargo-carrying space, together with the required loading and unloading gear.

» **Source:** Adapted from: http://generalcargoship.com/

Informally known as "box boats", they carry the majority of the world's dry cargo, meaning manufactured goods. Cargoes like metal ores or coal or wheat are carried in bulk carriers. The world's largest container ship, the M/V *Emma Mærsk* has a capacity of 15,200 containers.

A **bulk carrier, bulk freighter,** or **bulker** is a merchant ship specially designed to transport unpackaged bulk cargo, such as grains, coal, ore, and cement. They are similar to container ships, but they don't have containers. They also don't usually have loading gear.

» **Source: adapted from** <http://en.wikipedia.org/wiki/Cargo_ship>; <http://en.wikipedia.org/wiki/Container_ships>; <http://en.wikipedia.org/wiki/Bulk_carrier>. **Access: March 2012**.

EXERCÍCIO 3

Agora leia os dois textos e responda às seguintes perguntas.

a. Os *container ships* possuem seu próprio equipamento de carregamento e descarregamento?

b. O que os *box boats* carregam, geralmente?

_____

_____

c. O que os *bulk carriers* carregam?

_____

_____

d. Qual é a diferença entre *bulkers* e *container ships*?

_____

_____

EXERCÍCIO 4

Utilizando o vocabulário visto no início deste capítulo, e de acordo com as informações dadas nos textos 1 e 2, escreva o nome do tipo de embarcação embaixo de cada figura, justificando sua resposta com uma lista de materiais e equipamentos que você vê em cada figura.

Tipo:

_____

Justifique sua resposta (o que você vê na embarcação que indique o tipo de navio?).

_____

_____

Inglês para Comércio Exterior

2

Tipo:

Justifique sua resposta (o que você vê na embarcação que indique o tipo de navio?).

3

Tipo:

Justifique sua resposta (o que você vê na embarcação que indique o tipo de navio?).

UNIT 6
INCOTERMS

Vocabulary: abbreviations and acronyms (taxes)

Reading: Siscomex and Imports in Brazil

O conhecimento dos *Incoterms* (e sua utilização) é fundamental para os profissionais da área de Comércio Exterior. Todo o material visto até aqui neste livro (países, números, vocabulário referente a porto) será de grande utilidade para a compreensão deste capítulo.

Há várias etapas na transferência da carga do exportador para o importador. No próximo exercício, veremos que etapas são essas e como dizê-las em inglês.

EXERCÍCIO 1

Abaixo, temos as explicações (de A a F) referentes às várias etapas na transferência de carga. Em seguida, temos os nomes de cada etapa em inglês. Leia as explicações e ligue-as aos nomes correspondentes.

A	Carrying the cargo inside the limits of a country (transportar a carga dentro de um mesmo país).	☐ Packaging
B	Putting in a box or wrapping, to protect the cargo (empacotar a carga).	☐ Inland freight
C	Putting the cargo in or on a truck, train, or vessel (carregar o caminhão, o trem ou a embarcação).	☐ Loading (on the truck, train, or vessel)
D	Carrying the cargo from one country to another (transportar a carga de um país a outro).	☐ Placing the cargo on the quay or wharf

E	Removing the cargo from the vessel (retirar a carga da embarcação).	☐	International freight
F	Putting the cargo on the part of the port next to the ship (colocar a carga ao lado da embarcação no porto).	☐	Unloading the cargo

» **Definitions adapted from:** < http://oxforddictionaries.com/ >. Access: March 2012.

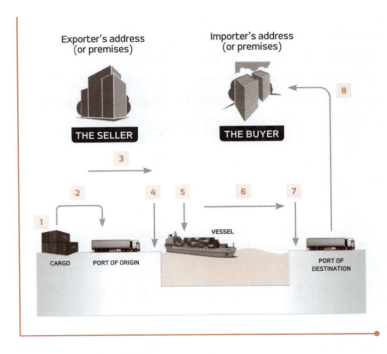

FIGURE 1 A flowchart of the process of transference of cargo (maritime transport).

Inglês para Comércio Exterior

EXERCÍCIO 2

Agora relacione os nomes das etapas em inglês com os números na figura acima.

A	☐ International freight
B	☐ Loading the cargo
C	☐ Unloading
D	☐ Loading the vessel
E	☐ Placing the cargo at the quay
F	☐ Inland freight (from the seller's address to the port of origin)
G	☐ Inland freight (from the port of destination to the buyer's address)
H	☐ Packaging

· Texto

EXERCÍCIO 1

Antes de ler o texto a seguir, ache as siglas e os números abaixo e escreva ao lado de cada um qual é seu significado. Tente trabalhar o mais rápido possível.

a. ICC –

b. Incoterms –

c. 1936 –

d. UNCITRAL –

e. 31 –

f. 13 –

Incoterms 2000
Chart of Responsibility

When negotiating an international sales contract, both parties need to pay as much attention to the terms of sale as to the sales price. To make it as clear as possible, an international set of trade terms (INCOTERMS) has been adopted by most countries that defines exactly the responsibilities and risks of both the buyer and seller while the merchandise is in transit. Devised and published by the International Chamber of Commerce, they are at the heart of world trade. ICC introduced the first version of Incoterms — short for "International Commercial Terms" — in 1936. The English text is the original and official version of Incoterms 2000, which have been endorsed by the United Nations Commission on International Trade Law (UNCITRAL). Authorized translations into 31 languages are available from ICC national committees.

Each of the current 13 INCOTERMS define under whose responsibilities (if the buyer or the seller's) are the following duties and costs:

Warehouse Storage; warehouse labor; export packing; loading charges; inland freight; terminal charges; forwarder's fees; loading on vessel; ocean/air freight; charges on arrival at destination; duty, taxes & customs clearance; international insurance, and delivery to destination.

Among the best known Incoterms are: EXW (Ex works), FOB (Free on Board), CIF (Cost, Insurance and Freight), DDU (Delivered Duty Unpaid), and CPT (Carriage Paid To).

For a more complete description of each of the INCOTERMS, *The IBT Guide to INCOTERMS 2000* book published by International Business Training fully and clearly defines each of the new incoterms.

» **Source: adapted from** <http://www.i-b-t.net/incoterms.html>; <http://www.iccwbo.org/incoterms/>. **Access: March 2012.**

EXERCÍCIO 2

Leia o texto com atenção e responda às seguintes perguntas:

a. O que significa a sigla INCOTERM?

b. O que os *Incoterms* definem?

c. Há quantos *Incoterms*? Dê alguns exemplos (de acordo com o texto).

d. Qual foi a função da UNCITRAL na definição dos *Incoterms*?

e. O que é *The IBT Guide to INCOTERMS 2000*?

EXERCÍCIO 3

Veja a figura abaixo, e escreva a sigla ao lado de cada *Incoterm*.

a. Delivery Duty Unpaid

b. Free Alongside Ship

c. Ex Works

d. Delivery at Frontier

e. Free on Board

f. Delivery Duty Paid
g. Free Carriage To
h. Cost and Freight
i. Cost, Insurance and Freight
j. Carriage paid to
k. Carriage and Insurance paid

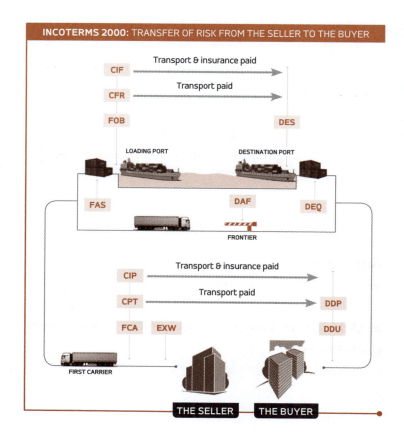

LANGUAGE STUDY

Responda às seguintes perguntas:

1. In a FOB negotiation, who is responsible for packaging?

2. In a FAS negotiation, who is responsible for loading the cargo?

3. In a CFR negotiation, who is responsible for the international freight?

4. In a DDU negotiation, who is responsible for unloading the vessel?

Na pergunta:
Who is responsible for packaging?

a. Qual informação está sendo pedida (o quê, quem, quando, onde)?

b. Qual é a palavra que representa tal informação na pergunta?

c. Qual é o verbo da sentença?

Na resposta, iremos substituir a palavra *Who* pela informação pedida:
Who is responsible for packaging?
The Exporter is responsible for packaging.

Veja as frases (de 1 a 4) acima e responda: como o verbo fica depois da expressão *responsible for*?

OBS.: Depois de uma preposição, o verbo sempre aparecerá acrescido de –ing em inglês.

EXERCÍCIO 4

Complete as seguintes sentenças com os verbos entre parênteses.

a. In a DEQ negotiation, the exporter is responsible for _____ (unload/vessel).

b. In a DDU negotiation, the exporter is responsible for _____ (pay/international freight)

c. In an Ex Works negotiation, the exporter is responsible for _____ (package)

d. In a CIF negotiation, the exporter is responsible for _____ (pay/insurance)

e. In a FOB negotiation, the importer is responsible for _____ (load/vessel)

WRITING

EXERCÍCIO 1

Escreva as responsabilidades do exportador e do importador em cada um dos seguintes *Incoterms*. (O primeiro já está feito).

a. FOB – In a FOB negotiation, the exporter is responsible for packaging, inland freight to the port of origin, and loading the cargo on the vessel.

b. FCA – _____

_____

c. DDP –

d. CPT –

e. CIP –

f. CIF –

g. CFR –

h. FAS –

» A versão Incoterms 2010, publicada em 2011, modificou alguns Incoterms: DAP (Delivery at Place) substituiu os incoterms DAF, DES e DDU, e o incoterm DAT (delivery at Terminal) substituiu o Incoterm DEQ. Agora, temos 11 incoterms.

UNIT 7

BRAZILIAN IMPORT PROCEDURES AND DUTIES

Vocabulary: the process
of Transfer of goods

Acronyms: Incoterms

Infinitive after prepositions
('responsible for…')

7

A. IMPORT PROCEDURES

EXERCÍCIO 1
Veja a foto ao lado e responda às seguintes perguntas.

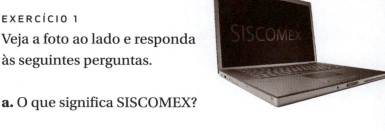

a. O que significa SISCOMEX?

___

b. Como temos acesso ao SISCOMEX?

___

c. Para que utilizamos o SISCOMEX?

___

· Texto

EXERCÍCIO 2
Você vai ler um texto sobre o SISCOMEX. Em sua opinião, quais dos tópicos abaixo serão mencionados no texto? Marque os parênteses ao lado de cada tópico.

	A	☐ Numbers
	B	☐ Acronyms
	C	☐ Countries
	D	☐ Cities

EXERCÍCIO 3

Agora, escreva uma lista de vocabulário em inglês que você conheça relacionado a cada tópico que você escolheu no exercício anterior.

TÓPICO:

Vocabulário relacionado:

TÓPICO:

Vocabulário relacionado:

TÓPICO:

Vocabulário relacionado:

TÓPICO:

Vocabulário relacionado:

EXERCÍCIO 4

Leia o texto e tente encontrar as palavras que você escreveu. As suas previsões estavam corretas?

Since 1997 Brazil has a computerized information system integrated with all Brazilian government departments and institutions, which are responsible for international trade operations. The system called SISCOMEX – Foreign Trade Integrated System – facilitates the operations, reduces paperwork and is mandatory to all importers and exporters.

All information pertinent to importing operations is available in the system. The users have a password corresponding to their Exporter and Importer Registry with the customs, which allows them to operate the system. Brazilian importers must be registered with the Foreign Trade Secretariat (SECEX) of the Ministry of Industry and Commerce (MDIC). Imports of goods using mail system, up to a value of US$ 500 and 30 kilograms are allowed without the requirement of an import license. This is not applied to pharmaceuticals for individual use and gifts under US$ 50. The resting Brazilian imports require license, which can be automatic or non-automatic.

The automatic license is done electronically via SISCOMEX and is granted when the products enter Brazil. The importer makes it on his computer terminal together with the import declaration. It will be used as basis for the customs clearance when the goods arrive at the destination port.

When the product is subject to non-automatic license, the importer will verify it at CET Book, which will be marked with "LI" in the corresponding code. The requirements for the non-automatic license vary according to the product and it is constantly updated in SISCOMEX.

» **Source:** <http://www.ccab.com.br/site/areafile/analise/ Brazilian%20Import%20Procedure.pdf>. **Access: March 2012.**

VOCABULÁRIO

EXERCÍCIO 1

As palavras à esquerda foram tiradas do texto acima. Ache-as e tente adivinhar seus significados. Ligue-as com as definições à direita.

A. Paperwork [line 3]	☐ 1. To make something more modern (atualizar)
B. Mandatory [line 4]	☐ 2. Permitted (permitido)
C. Allowed [line 9]	☐ 3. A secret word or combination of letters or numbers (senha)
D. Password [line 6]	☐ 4. Obligatory (obrigatório)
E. Update [line 17]	☐ 5. Written documents and reports (papelada)

Inglês para Comércio Exterior

COMPREHENSION

EXERCÍCIO 1

Leia o texto novamente e responda às seguintes perguntas.

1. O que é SISCOMEX de acordo com o texto?

2. Quais são as vantagens de se utilizar o SISCOMEX de acordo com o texto?

3. O que é SECEX?

4. O que é MDIC?

5. Como o importador brasileiro deve utilizar o SISCOMEX? Quais são os documentos necessários?

6. De acordo com o texto, todos os produtos devem receber uma licença pelo SISCOMEX?

_____
_____

7. Há dois tipos de licença mencionados no texto; quais são e como são definidas?

_____
_____

EXERCÍCIO 2

Numere as frases (de A a D) de acordo com a figura abaixo.

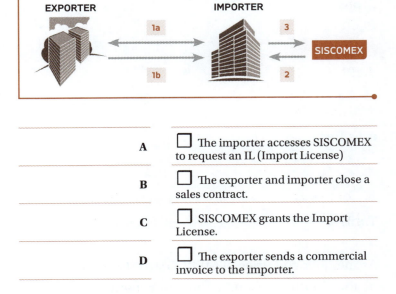

	A	☐ The importer accesses SISCOMEX to request an IL (Import License)
	B	☐ The exporter and importer close a sales contract.
	C	☐ SISCOMEX grants the Import License.
	D	☐ The exporter sends a commercial invoice to the importer.

B. IMPORT DUTIES

· **Texto**

EXERCÍCIO 1

Encontre as seguintes siglas no texto abaixo e escreva--as por extenso (como aparecem no texto).

a. CET –

b. ICMS –

c. PIS –

d. IPI –

e. Cofins –

Tariffs

As member countries of MERCOSUR (Common Market of the Southern Cone), the three nations exempted from Brazil's import duties are Argentina, Paraguay and Uruguay. All other exporting nations must pay the Common External Tariff (CET), which averages 14% to a high of 20%, depending on the imported merchandise. Brazilian authorities maintain a list of imported products exempted from the CET including computers, telecommunications equipment and some capital goods.

Import Duties and Sales Taxes

Brazil's government sets product classifications that determine rates for specific imports. Brazil imposes two major taxes on imports: the industrial products tax (IPI) and the tax on the distribution of goods and services (ICMS). Foreign exporters must also be aware of the federal Social Integration Program tax (PIS) levied on gross revenues from domestic sales of goods and services and the Contribution for the Financing of Social Security tax (Cofins) imposed on most gross revenues.

Like Brazilian import duties, ICMS and IPI taxes vary depending on product type and importance to Brazil's economy. ICMS is a state tax payable at all stages of sale from manufacture to consumer. ICMS tax rates range from 7% to 25%, and average 18% in Rio de Janeiro.

Strictly speaking, IPI is a tax imposed on manufactured product imports. Thus international traders receive tax credits from IPI payments for raw material shipments, certain semi-processed imports and packaging materials. IPI tax rates are higher on non-essential and luxury items such as cigarettes, cosmetics and liquor.

In addition, Brazilian importers typically pay a minimum of 1.65% for PIS and 7.6% for Cofins taxes. Exempt from PIS and Cofins are products such as fruits, vegetables, eggs and pharmaceutical inputs.

» **Source:** <http://www.suite101.com/content/brazilian-import-regulations-a40419>. **Access: March 2012.**

VOCABULÁRIO

EXERCÍCIO 1

As seguintes palavras (à esquerda) estão no texto que você acabou de ler. Ache-as e tente deduzir seus significados. Depois, ligue-as com as descrições à direita.

A. Rate [line 1]	☐ 1. Produto (mercadoria)
B. Tax [line 2]	☐ 2. Receita
C. Goods [line 3]	☐ 3. Matéria-prima
D. Gross [line 4]	☐ 4. Imposto
E. Revenue [lines 4 and 5]	☐ 5. Fabricar (industrialmente)
F. Manufacture [line 7]	☐ 6. Total (bruto)
G. Raw material [line 10]	☐ 7. Taxa (preço)

Brazilian import procedures and duties

COMPREHENSION

EXERCÍCIO 1

Leia o texto novamente e responda às seguintes perguntas.

a. Quais são os países isentos de CET? Porque esses países são isentos?

b. Quais são os principais impostos para importações no Brasil?

c. De quanto é o CET?

d. O ICMS é um imposto federal de acordo com o texto?

e. Quais mercadorias recebem um crédito de imposto (IPI)? Por quê?

UNIT 8
NEGOTIATION STAGE

Steps (and documents) in a negotiation

Describing the negotiation stage (Simple Present)

Filling in documents in a negotiation stage (technical vocabulary)

A. STEPS IN THE NEGOTIATION STAGE

· Texto 1

EXERCÍCIO 1

Encontre as seguintes abreviações/siglas no texto e escreva a que se referem. Trabalhe o mais rápido possível.

a. Fax –

b. PO –

c. RFQ –

The sales agreement is a formal contract governed by law. In general, a sales agreement is formed by the agreement between the seller and the buyer and is the passing of goods for a price. An agreement is a mutual manifestation of assent to the same terms.

Usually, the process of formation of the sales agreement is an exchange of documents that the seller and the buyer have independently prepared and that, together, constitute the sales agreement.

Sometimes the first document involved in the formation of a sales agreement is a request from the buyer to the seller for a quotation **(RFQ)**. Generally, this request – whether it is informal in **facsimile (fax)**, or letter or formal in a printed form – will ask for a price quotation from the seller for a specific quantity and often a shipping date.

In reply to a request for a quotation (or inquiry), the seller usually prepares and sends a quotation. Before quoting a price for any specific quantity or a shipment date, it is extremely important that the exporter calculates all additional costs. The use of a costing sheet is highly recommended.

The next document that may occur in a sales transaction is a purchase order **(PO)** issued by the buyer. The purchase order may be informal, such as in a telex, facsimile, or letter or it may be on a printed form.

Later, when manufacture is complete and the product is ready for shipment, the seller will prepare a commercial invoice, which is the formal statement for payment to be sent by the buyer to the seller or to a bank. These invoices may also contain the detailed terms and conditions of sale.

» **Source:** JOHNSON, T. E. Export/Import: procedures and documentation. New York: AMACOM, 2002.

COMPREENSÃO

EXERCÍCIO 2

Ligue as perguntas à esquerda com as respectivas respostas à direita.

1. What is a sales agreement according to the text? ☐	**A.** No. "The purchase order may be informal (...)."
2. What is the process of formation of the sales agreement? ☐	**B.** It is the formal statement for payment to be sent by the buyer to the seller or to a bank.
3. What is a commercial invoice? ☐	**C.** It is a formal contract governed by law.
4. Is a PO always formal? Justify your answer according to the text. ☐	**D.** It is an exchange of documents.

LANGUAGE STUDY

Quanto menos o aluno depender de sua língua mãe (neste caso, o português), mais rápido conseguirá entender e utilizar a segunda língua (aqui, o inglês). Portanto, acreditamos que, em um exercício de compreensão de texto, é também importante que as perguntas estejam em inglês. Vamos agora trabalhar um pouco com como compreender o que cada pergunta pede e como encontrar sua resposta.

Ligue as seguintes perguntas às respostas correspondentes:

A. No.	☐ **1.** What is a commercial invoice?
B. It is a formal document for payment.	☐ **2.** Is a PO always formal?

Negotiation stage

Responda às seguintes perguntas:

1. Quais são os verbos nas duas perguntas?

_____ , _____ .

2. Qual é a primeira palavra que aparece em cada pergunta? _____ , _____ .

3. Que tipo de resposta cada pergunta exige: sim/não ou informação?

1ª pergunta: _____

2ª pergunta: _____

Há o que chamamos, em inglês, de *question words* que, em geral, são as primeiras a aparecer em uma pergunta e que pedem, sempre, uma informação como resposta. Algumas das *question words* mais utilizadas são: *what, where, when, who, how, how many, how much, why.*

Quais *question words* acima você já conhece? Escreva ao lado de cada uma seu significado em português. Procure as que você não conhece no dicionário.

a. What –

b. Where –

c. When –

d. Who –

e. How –

f. How many –

g. How much –

h. Why –

Além disso, há palavras-chave que nos ajudam a entender que informação é pedida em cada pergunta. Sublinhe as palavras-chave nas seguintes perguntas:

1. What is a sales agreement?
2. What is the first document involved in the formation of a sales agreement?
3. What is a request for quotation?
4. What is a sales agreement formed by?

Palavras-chave podem ser as palavras que você reconhece e, também, as palavras que indiquem em qual parte do texto você pode encontrar as respostas.

Agora que você já marcou as palavras-chave, encontre as respostas correspondentes no texto da página anterior.

Negotiation stage

1.

2.

3.

4.

EXERCÍCIO 3

Leia o texto novamente e responda às seguintes perguntas (copie as respostas do próprio texto).

1. Is an Inquiry (or request for quotation) always written in form of letter? Justify with sentences or expressions from the text.

2. According to the text, what is important for the exporter to do before sending a quotation?

3. What information appears both in the request for quotation and the quotation that are mentioned in the text?

4. When does the seller prepare the invoice according to the text?

DOCUMENTOS

Há vários documentos padrões envolvidos em uma negociação:

Price Lists
Request for quotations (RQF)
Quotations and costing sheets
Purchase Orders
Pro forma invoices
Commercial invoices
Side Agreements

Negotiation stage

EXERCÍCIO 1

De acordo com o texto 1, em qual ordem os seguintes documentos ocorrem em uma negociação?

A	☐ Purchase Order
B	☐ Commercial invoice
C	☐ Request for Quotation
D	☐ Quotation

EXERCÍCIO 2

Ainda de acordo com o texto 1, escreva o nome do documento ao lado de cada definição.

Request for Quotation – Quotation – Purchase Order – Commercial Invoice

a. When the exporter and importer have come to an agreement, the buyer sends this order to the seller.

b. It is sent from the prospective importer to the prospective exporter as an introduction (of the buyer's company) and it requests an offer from the prospective exporter, as well as quotations and prices.

c. It is a response from the prospective exporter to an inquiry from the prospective importer.

d. It is the final confirmation on the terms of the terms of the sale. It closes the business deal.

LANGUAGE STUDY

Ligue os verbos à esquerda com as definições à direita:

A. Issue	☐ **1.** To make letters, words or numbers on paper, e.g. with a pen. (escrever)
B. Reply	☐ **2.** To make an arrangement certain (confirmar)
C. Ask	☐ **3.** To answer (responder)
D. Send	☐ **4.** To produce an official document (emitir)
E. Write	☐ **5.** To make a question (perguntar)
F. Confirm	☐ **6.** To cause a document to go from one place to the other (enviar)

Leia as sentenças a seguir.

a. John usually writes a letter to ask about prices.

b. They usually send a price list to the importer.

Responda às perguntas.

1. Quais são os verbos nas sentenças acima?

2. Qual é o seu tempo verbal: passado, presente ou futuro?

3. Há alguma diferença entre o verbo na primeira sentença e o da segunda? Qual?

4. Em sua opinião, por que há essa diferença? Qual é a regra?

Quando descrevemos ações que ocorrem com certa frequência, utilizamos o Presente Simples. O verbo, neste tempo verbal, ganha um 's' quando o sujeito for a terceira pessoa do singular (*he, she, it*).

WRITING

EXERCÍCIO 1

Escreva o processo de negociação entre exportador e importador utilizando os verbos *issue, reply, ask, send, write, confirm.*

a. First,

b. Then,

c. After that,

d. Finally,

· Texto 2

EXERCÍCIO 1

Vamos estudar agora os documentos utilizados na negociação entre o exportador e o importador. Antes, faça uma lista das informações que devem constar dos documentos neste estágio. Dê uma olhada nos capítulos anteriores e encontre uma lista de palavras em inglês que representem essas informações.

Negotiation stage

EXERCÍCIO 2

Veja os documentos nas próximas páginas e verifique se as palavras de sua lista (no exercício 1) aparecem.

EXERCÍCIO 3

Veja as seguintes palavras e marque as que você já conhece.

☐ Inquiry	☐ Buyer	☐ Merchandise
☐ Freight	☐ Description	☐ Charges
☐ Seller	☐ Consignee	☐ Item
☐ Conditions	☐ Currency	☐ Gross
☐ Purchaser	☐ Specifications	☐ Delivery
☐ Requirement	☐ Net	☐ Vendor
☐ Order	☐ Terms	☐ Notify
☐ Allowance	☐ Amount	☐ Estimated

Inglês para Comércio Exterior

EXERCÍCIO 4

Leia as definições abaixo e encontre qual das palavras na lista acima corresponde a cada uma.

a. Exportador

b. Importador

c. Líquido

d. Bruto

e. Vendedor

f. Requisito

g. Moeda corrente

h. Quantidade, quantia

i. Encargos

j. Mercadoria

k. Abatimento

l. Pedido

m. Especificações

n. Item

o. Frete

Negotiation stage

EXERCÍCIO 5

Leia cada um dos documentos a seguir e responda às perguntas.

· **Document A**

» **Source:** JOHNSON, T. E. **Export/Import: procedures and documentation.** New York: AMACOM, 2002.

· Document B

QUOTATION

From

Inquiry No._____

Date_____

Terms_____

Prices quoted are
F.O.B._____

To

Delivery_____

We are pleased to quote as follows. Your inquiry

Quantity	Description	Price	Amount

SPECIMEN

By_____

TOPS form 3448 LITHO IN U S A
Courtesy of Tops Business Forms.

» **Source:** JOHNSON, T. E. **Export/Import: procedures and documentation.** New York: AMACOM, 2002.

· Document C

Reprinted with permission from Bradford Stone's *West's Legal Forms*, Second Edition, copyright © 1985 by West Publishing Co.

» **Source:** JOHNSON, T. E. **Export/Import: procedures and documentation.** New York: AMACOM, 2002.

Inglês para Comércio Exterior

· Document D

Commercial Invoice form (Form 15-320, Unz & Co.) with fields including:
SHIPPER/EXPORTER, COMMERCIAL INVOICE NO., DATE, CUSTOMER PURCHASE ORDER NO., B/L, AWB NO., COUNTRY OF ORIGIN, DATE OF EXPORT, CONSIGNEE, TERMS OF PAYMENT, EXPORT REFERENCES, NOTIFY: INTERMEDIATE CONSIGNEE, FORWARDING AGENT, AIR/OCEAN PORT OF EMBARKATION, EXPORTING CARRIER/ROUTE. Terms of Sale and Terms of Payment under this offer are governed by Incoterms # 322, "Uniform Rules For The Collection Of Commercial Paper" and # 400 "Uniform Customs And Practice For Documentary Credits". Columns: PKGS., QUANTITY, NET WT. (Kilos), GROSS WT. (Kilos), DESCRIPTION OF MERCHANDISE, UNIT PRICE, TOTAL VALUE. PACKAGE MARKS, MISC. CHARGES (Packing, Insurance, etc.), INVOICE TOTAL, CERTIFICATIONS, AUTHORIZED SIGNATURE.

Reprinted with permission of Unz & Co., 190 Baldwin Ave., Jersey City, NJ 07306, USA.

» **Source:** JOHNSON, T. E. **Export/Import: procedures and documentation.** New York: AMACOM, 2002.

Negotiation stage

DOCUMENT A

a. What type of document is it?

b. What information is there about the exporter?

c. What information is there about the importer?

d. What information is there about the product?

DOCUMENT B

a. What type of document is it?

b. What information is there about the exporter?

c. What information is there about the importer?

d. What information is there about the product?

DOCUMENT C

a. What type of document is it?

b. What information is there about the exporter?

c. What information is there about the importer?

d. What information is there about the product?

DOCUMENT D

a. What type of document is it?

b. What information is there about the exporter?

Negotiation stage

c. What information is there about the importer?

d. What information is there about the product?

WRITING

EXERCÍCIO 1

Leia a situação a seguir e identifique quais são as informações sobre o exportador, sobre o importador e sobre o produto. Depois, preencha os seguintes documentos: Quotation Request, Quotation, PO e Commercial Invoice.

Ms. Lowe, manager from Sanders & Lowe Ltd. (a large store in Canada) wants to buy chinaware. She contacted Mr. Merton at Glaston Potteries Ltd. in London on March 23rd 2010 asking for quotations. Sanders & Lowe Ltd. needs 60 sets of crockery packed in 6 crates, 10 sets per crate, numbered 1 – 6. They agreed to pay by Letter of Credit and the product will be shipped by the end of June.

Sanders & Lowe Ltd. is at 15 Whale Drive, Ontario, Canada.

Glaston Potteries Ltd. is in Clayfield, Burnley, UK. Phone: +44 (0) 1282 46125 / email: j.merton@glaston.co.uk

» **Source: adapted from** ASHLEY, A. **Oxford Handbook of Commercial Correspondence.** Oxford: Oxford University Press, 2009

» **Source:** JOHNSON, T. E. **Export/Import: procedures and documentation.** New York: AMACOM, 2002.

Negotiation stage

QUOTATION

From

Inquiry No.

Date

Terms

Prices quoted are
F.O.B.

To

Delivery

We are pleased to quote as follows. Your inquiry

Quantity	Description	Price	Amount
	SPECIMEN		

By

TOPS form 3448 litho in U.S.A.

Courtesy of Tops Business Forms.

» **Source:** JOHNSON, T. E. **Export/Import: procedures and documentation.** New York: AMACOM, 2002.

Inglês para Comércio Exterior

Reprinted with permission from Bradford Stone's *West's Legal Forms*, Second Edition, copyright © 1985 by West Publishing Co.

» **Source:** JOHNSON, T. E. **Export/Import: procedures and documentation.** New York: AMACOM, 2002.

Negotiation stage

Reprinted with permission of Unz & Co., 190 Baldwin Ave., Jersey City, NJ 07306, USA.

» **Source:** JOHNSON, T. E. **Export/Import: procedures and documentation.** New York: AMACOM, 2002.

UNIT 9
INTERNATIONAL PAYMENTS

Order words (First, then, etc.)

Reading and describing advanced payment, open account trading, draft payment, and letter of credit (Simple Present)

Guessing vocabulary meaning from context

O pagamento é uma parte fundamental do relacionamento entre exportador e importador. Conhecer as diferentes formas de pagamento, as vantagens e desvantagens de cada uma, reconhecer o vocabulário relacionado com as etapas envolvidas no pagamento e se familiarizar com a descrição de cada forma de pagamento em inglês; essas são questões realmente importantes para o profissional de Comércio Exterior que precisa lidar com esta fase complicada e delicada de uma transação internacional.

Neste capítulo, o profissional da área tem a oportunidade de treinar estruturas gramaticais já vistas anteriormente (verbos no presente, terceira pessoa do singular), além de utilizar vocabulário já visto em outras unidades. É também uma oportunidade que o aluno tem para entender, com mais detalhes, as etapas pelas quais cada forma de pagamento passa, utilizando, para tanto, vocabulário novo.

A. FORMS OF PAYMENT

VOCABULÁRIO

EXERCÍCIO 1

Veja a lista de palavras abaixo e marque as que você já conhece.

☐ Before	☐ After	☐ Delivery
☐ Arrive	☐ Terms	☐ Risks
☐ Draft	☐ Fulfill	☐ Later
☐ Offer	☐ Pay	☐ Goods

EXERCÍCIO 2

Tente adivinhar o significado das palavras em negrito nas frases a seguir (escreva sua tradução no espaço ao lado de cada frase).

a. The train will **arrive** at the station at 12:00 AM.

b. China in Box has service of food **delivery**.

c. The Coffee shop **offers** delicious types of coffee.

d. I have my house! It is a dream **fulfilled**!

e. A **draft** is a promissory note.

Inglês para Comércio Exterior

EXERCÍCIO 3

Procure, agora, as palavras no dicionário e verifique suas ideias.

READING

EXERCÍCIO 1

Veja a tabela a seguir e responda às seguintes perguntas.

a. How many forms of payment are there in the chart?

b. What are the forms of payment?

c. Which ones involve risk for the importer?

d. Which ones involve risk to the exporter?

e. In which one(s) the payment is before the delivery of goods?

f. In which one(s) the delivery of goods is before payment?

International Payments

g. Which one involves more documentation, in your opinion?

PAYMENT METHODS FOR INTERNATIONAL TRADE

METHOD	TIMING OF PAYMENT	DELIVERY OF GOODS	RISKS FOR IMPORTER	RISKS FOR EXPORTER
Payment in Advance	Prior to delivery of goods	After payment, when goods arrive in importer's country	None	Exporter may not deliver goods
Open Account	After delivery of goods	Before payment	Importer may not pay	None
Documentary Collection	At delivery if sight draft is used; at a later date if time draft is used	Against payment if sight draft is used; Before payment if time draft is used	Importer may not accept draft	None
Letter of credit	After terms of letter are fulfilled	According to contract and letter	Documents may not be prepared correctly	

» **Source**: adapted from GRIFFIN, R. W.; PUSTAY, M. W. **International Business: a managerial perspective.** 5th ed. New Jersey: Pearson Prentice Hall, 2007.

Inglês para Comércio Exterior

B. PAYMENT IN ADVANCE

EXERCÍCIO 1

Temos abaixo uma representação das etapas de um PAYMENT IN ADVANCE. Sempre partindo do pressuposto de que se trata de uma empresa importadora brasileira, que precisa conseguir uma licença pelo SISCOMEX, numere (de 1 a 9) as etapas A a I de acordo com a sequência indicada no organograma.

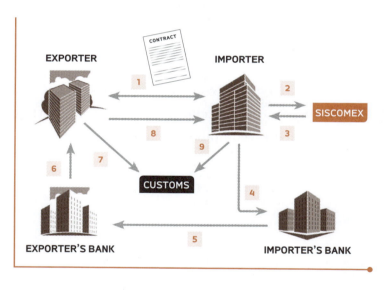

	A	☐ SISCOMEX grants the IL
	B	☐ The importer pays for the product
	C	☐ The exporter ships the product (to Customs)

D	☐ Importer and exporter close the sales contract
E	☐ The exporter sends the shipping documents
F	☐ The importer requests the IL
G	☐ The importer clears the cargo (at Customs)
H	☐ The importer's bank transfers the payment to the exporter's bank
I	☐ The exporter's bank informs their client of the payment

C. OPEN ACCOUNT TRADING

EXERCÍCIO 1

De acordo com a representação de OPEN ACCOUNT TRADING abaixo, complete as etapas que faltam, utilizando as frases do exercício 1 na página 51.

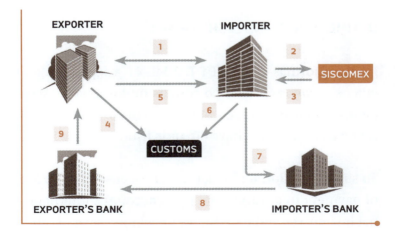

1.

2. The importer requests the IL.
3. SISCOMEX grants the IL.

4.

5. The exporter sends the shipping documents (to the importer).
6. The importer clears the cargo (at Customs).

7.

8. The importer's bank transfers the payment to the exporter's bank.
9. The exporter's bank informs their client of the payment.

D. TIME DRAFT AND SIGHT DRAFT

Há duas formas de DRAFT PAYMENT a seguir. Preencha os espaços em branco com os títulos abaixo. Ache palavras-chave para descobrir o título correto. Depois, escreva as palavras-chave em uma lista:

To solve cash flow and risk problems caused by the use of payment in advance and open accounts, international businesses and banks have developed several other methods of payment. One is **documentary collection**, in which commercial banks serve as agents to facilitate the payment process.To initiate this method of payment, the exporter gets a document called a **draft** (often called a *bill of exchange* outside the United States).

sight draft	time draft

1. A _____ requires payment upon the transfer of the goods from the exporter to the importer. When the bank in the importer's country receives the bill of lading and this draft from the exporter's bank, it notifies the importer. The importer has to pay the draft *at that moment* to get the cargo.

2. A _____ extends credit to the importer by requiring payment at some specified time (30 or 60 days), *after* the importer receives the goods.

» **Source: adapted from** Ricky W. Griffin, Michael W. Pustay. **International Business: a managerial perspective.** 5th ed. New Jersey: Pearson Prentice Hall, 2007.

Palavras-chave:

1

_____

_____

_____

2

_____

_____

_____

E. LETTER OF CREDIT

· **Part I**

EXERCÍCIO 1

Leia as etapas iniciais de um pagamento via Carta de Crédito. De acordo com o desenho, numere as etapas (*steps*) de 1 a 4.

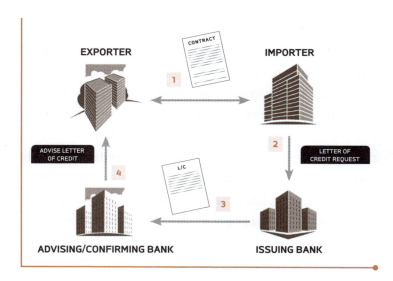

Steps

☐ The advising bank sends the details of the L/C to the exporter. The exporter confirms the details.

☐ The issuing bank (the buyer's bank) approves the application and sends the details of the letter of credit to the seller's bank (the advising bank).

International Payments

☐ The importer completes a contract with the exporter.
☐ The importer requests a letter of credit to his or her bank (the Issuing Bank).

EXERCÍCIO 2

Leia o texto a seguir e verifique se sua resposta ao exercício anterior está correta.

In international purchases, it is more usual to use some methods of payment that are designed to give the seller more protection. Usually exporters request payment using a **letter of credit**.

Generally, an importer requests a letter of credit to its bank. The bank checks the exporter and, if everything is in order, issues the letter of credit. Most letters of credit require the exporter to supply an invoice, appropriate customs documents, a bill of lading, a packing list, and proof of insurance. Depending on the product, the importer's bank may ask for additional documentation, such as *export licenses, certificates of product origin,* and *Inspection certificates*.

After issuing the letter of credit, the importer's bank sends it to the exporter's bank, which ***advises*** the exporter of the terms, creating an **advised letter of credit**. The exporter can also request his or her bank to confirm and guarantee the payment of the letter of credit, creating a **confirmed letter of credit**.

Another type of letter of credit is the **irrevocable letter of credit**, which can't be changed without the written consent of the importer and the exporter. A bank can also issue a **revocable letter of credit**, which the bank can alter at any time for any reason. An irrevocable letter of credit offers more protection to the exporter.

» **Source: adapted from** Ricky W. Griffin, Michael W. Pustay. **International Business: a managerial perspective.** 5th ed. New Jersey: Pearson Prentice Hall, 2007.

WORD STUDY

EXERCÍCIO 3

Leia as frases a seguir (tiradas do texto acima) e ligue as palavras em itálico com as descrições correspondentes (1 a 5).

a. In international *purchases*, it is more usual to use some methods of payment that are *designed* to give the seller more protection. ☐ / ☐

b. Usually exporters *request* payment using a letter of credit. ☐

c. Most letters of credit require the exporter to *supply* an invoice, appropriate customs documents, a bill of lading, a packing list, and proof of insurance. ☐

d. A bank can also *issue* a revocable letter of credit, which the bank can alter at any time for any reason. ☐

International Payments

1. To ask for something
2. The act of buying something
3. To give something
4. To plan or make
5. To produce

COMPREHENSION

EXERCÍCIO 1

Leia o texto novamente e responda às seguintes perguntas.

a. What type of documents most letters of credit require according to the text?

b. How many documents required in a letter of credit are mentioned?

c. Which ones are additional and depend on the product?

d. What is the definition of **irrevocable letter of credit** according to the text?

e. What is the definition of **revocable letter of credit** according to the text?

f. Which type of letter of credit offers more protection to the exporter: revocable or irrevocable?

EXERCÍCIO 2

Escolha a alternativa correta nos exercícios abaixo, de acordo com as informações dadas no texto da página 54.

1. Choose the alternative that correctly describes an **advised letter of credit**.

a. When the terms of the letter of credit are advised by the importer's bank. ☐
b. When the payment of the letter of credit is guaranteed by an advising bank ☐
c. When the terms of the letter of credit are advised by the exporter's bank. ☐
d. When the payment of the letter of credit is confirmed by the importer's bank. ☐

2. Choose the alternative that correctly describes a **confirmed letter of credit**.

a. When the terms of the letter of credit are advised by the importer's bank. ☐
b. When the payment of the letter of credit is guaranteed by an advising bank ☐
c. When the terms of the letter of credit are advising by the exporter's bank. ☐
d. When the payment of the letter of credit is confirmed by the importer's bank. ☐

• **Part II**

EXERCÍCIO 1

Abaixo está a continuação do pagamento feito com Carta de Crédito, com as etapas de 5 a 11. Utilizando as frases dos exercícios anteriores, complete as etapas de 6 a 11 (a primeira já está feita).

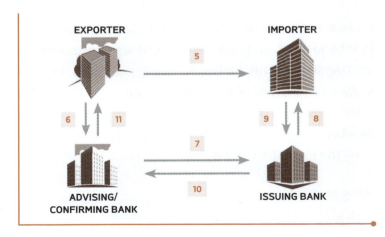

5. The exporter sends the cargo to the importer.

6.

7.

8.

9.

10.

11.

PROJETO

Calcule os custos de Importação (Customs Value + Import Expenses) dos produtos oferecidos por cada empresa. Depois, diga qual empresa você escolheria. Escreva todas as contas e números por extenso.

Product
Flat Panel Plasma HDTV PN 50A550

Company 1
Price: FOB US $8,000.00

CFR US $9,200.00
Payment form: CAD

Company 2
Price: FAS Salvador US $ 7,800.00
CFR Guandgong US$ 9,000.00
Payment form: LC

OBS.:

Insurance – US $150.00

Storage costs – 1% of CIF

ANSWER KEY

Inglês para Comércio Exterior

UNIT 1

· A. CONTINENTS

EXERCÍCIO 1 (PG. 10)
1. America
1A. North America
1B. South America
2. Europe
3. Asia
4. Africa
5. Oceania

· B. COUNTRIES

EXERCÍCIO 1 (PG. 11)

AMERICA	EUROPE	AFRICA	ASIA	OCEANIA
United States	France	Egypt	Russia	Australia
Mexico	Norway		India	New Zealand
Canada	Belarus		Japan	
Argentina	Ukraine		Bangladesh	
	Spain		Vietnam	

UNIT 2

EXERCÍCIO 1 (PG. 15)

B

E

D

A

C

LANGUAGE STUDY (PG. 16/17)

a. 1, 2, 3

b. 4, 5

a. It's (verbo To Be)

b. Duas palavras ("western" e "West")

c. Não. Eastern e West of

EXERCÍCIO 2 (PG. 17/18)

Horizontal

2. Nevada

4. North Carolina

7. Maine

8. Texas

Vertical

1. Florida

3. Arizona

4. North Dakota

5. Kansas

6. Oregon

UNIT 3

EXERCÍCIO 1 (PG. 20/21)

1. F

2. E

3. A

4. C

5. B

6. D

Em sua opinião, quais países fazem parte de cada sub-região?

a. Turkey, Iraq, Iran, Syria, Lebanon, Israel, Saudi Arabia, Oman, Yemen, Jordan

b. Kazakhstan, Uzbekistan, Turkmenistan, Afghanistan

c. India, Pakistan, Bangladesh, Sri Lanka, Bhutan

d. Myanmar, Thailand, Vietnam, Laos, Cambodia, Philippines, Taiwan

e. Japan, North Korea, South Korea

f. Russia

· READING
· TEXTO 2 (pg. 25)

EXERCÍCIO 3 (PG. 26/27)

1. United Nations
2. Northern Europe
3. Western and Eastern Europe. O aspecto político é se os países pertenciam ao Bloco Soviético ou não.
4. Sim, aspectos culturais, econômicos e linguísticos.
5. Belarus, Bulgaria, Czech Republic, Hungary, Moldova, Poland, Romania, Russia, Slovakia, Ukraine

UNIT 4

EXERCÍCIO 3 (PG. 31)

a. DATE (05/06/1991)
b. TELEPHONE NUMBER (555-2365)
c. DOCUMENT NUMBER (167.890.456-98)
d. VOLUME (25m3)
e. AREA (34m2)
f. MONEY (USD2.50)
g. EXCHANGE RATE (1.4567)
h. DIMENSIONS (23cm x 14cm x 23cm)

· LANGUAGE STUDY

EXERCÍCIO 1 (PG. 34)

a. Twenty-four
b. Three hundred twenty-four
c. One thousand, three hundred (and) twenty-four
d. Fifty one thousand, three hundred (and) twenty-four
e. Six hundred (and) fifty-one thousand, three hundred (and) twenty-four
f. Two thousand and five hundred

· LANGUAGE STUDY II

EXERCÍCIO 2 (PG. 35/36)

a. Two point fifty
b. Thirteen point sixty-five
c. Two Dollars (and) fifty (cents)
d. Thirteen Pounds fifty
e. Twenty Euros fifty

· LANGUAGE STUDY III

EXERCÍCIO 3 (PG. 37/38)

a. Two pounds fifty plus four pounds fifteen equals six pounds sixty five
b. Ten percent of one hundred and fifty thousand dollars equals fifteen thousand dollars

c. Sixteen dollars ninety-five times two equals thirty--three dollars ninety

d. One thousand Euros minus ten percent equals nine hundred Euros

e. One thousand, two hundred and thirty minus three hundred and forty-five equals eight hundred and eighty-five

f. Two hundred and ten kilos times four, minus thirty--five kilos equals eight hundred and five kilos

UNIT 5

EXERCÍCIO 1 (PG. 40/41)

Harbor (**e**)

Port facilities (**d**)

Maneuvering basin (**f**)

Breakwater (**c**)

Pier (**g**)

Approach channel (**b**)

Tug boat (**a**)

EXERCÍCIO 2 (PG. 41/42)

1. Harbor

2. crane

3. tug boat

4. quay (or wharf)

Inglês para Comércio Exterior

5. pier

6. buoy

7. barge

8. warehouse (or shed)

9. berth

10. breakwater

EXERCÍCIO 3 (PG. 43)

(Possible answers)

1. Yes.

2. No.

3. Yes. Seven.

4. Yes.

· **LANGUAGE STUDY (pg. 44)**

a. There are / there is / there aren't

b. O singular é 'there is'. O plural é 'there are'.

c. There isn't / aren't.

(PG. 44/45)

1. <u>Have</u> a cargo ship in this port. (Correto: There is a cargo ship in this port.)

2. <u>There has</u> a pier in this port (Correto: There is a pier in this port.)

3. <u>There does not have</u> a ship in this port. (Correto: There is not a ship in this port.)

Answer Key

4. The port there has an approach channel. (Correto: The port has an approach channel.)

EXERCÍCIO 4 (PG. 45)

1. There are two tug boats in this port.
2. There are three buoys in this port.
3. There is one pier in this port.
4. There are two warehouses in this port.
5. There is a cargo ship in this port.

TEXTO (PG. 46/47)

a. 3
b. 1
c. 2
d. 5
e. 6
f. 4

· **TEXTO 1**

EXERCÍCIO 1 (PG. 47/48)

a. Freighter is any type of ship that carries cargo, goods, and materials from one port to the other.
b. Cranes and other mechanisms.
c. "25 to 30" se refere à expectativa de vida de cargo ships (... generally have a life expectancy of 25 to 30 years before being scrapped).

Inglês para Comércio Exterior

· TEXTO 2

EXERCÍCIO 2 (PG. 49)

a. TEU – Twenty-foot equivalent unit.
b. 15,200 – capacidade do M/V *Emma Mærsk*
c. M/V *Emma Mærsk* – World's largest container ship

EXERCÍCIO 3 (PG. 50/51)

a. Não ("...container ships do not carry their own loading gear,...").
b. Carga seca, produtos acabados ("Box boats, they carry the majority of the world's dry cargo, meaning manufactured goods").
c. Grains, coal, ore, and cement.
d. Container ships carry their load in containers. Bulkers transport unpackaged bulk cargo. They don't have containers.

EXERCÍCIO 4 (PG. 51/52)

1. General cargo vessel. Justificativa: Loading and unloading gear.
2. Container ship. Justificativa: No loading gear and containers.
3. Bulker. Justificativa: No loading gear and no containers.

UNIT 6

EXERCÍCIO 1 (PG. 54/55)
Packaging (**B**)
Inland freight (**A**)
Loading (on the truck, train, or vessel) (**C**)
Placing the cargo on the quay or wharf (**F**)
International freight (**D**)
Unloading the cargo (**E**)

EXERCÍCIO 2 (PG. 56)
International freight (**6**)
Loading the cargo (**2**)
Unloading (**7**)
Loading the vessel (**5**)
Placing the cargo at the quay (**4**)
Inland freight (from the seller's address to the port of origin) (**3**)
Inland freight (from the port of destination to the buyer's address) (**8**)
Packaging (**1**)

· **TEXTO**

EXERCÍCIO 1 (PG. 56/57)
a. ICC – International Chamber of Commerce
b. Incoterms – International Commercial Terms

c. 1936 – When ICC introduced the first version of Incoterms

d. UNCITRAL – United Nations Commission on International Trade Law

e. 31 – Number of languages Incoterms 2000 are translated into

f. 13 – Number of Incoterms

EXERCÍCIO 2 (PG. 58/59)

a. International set of trade terms.

b. They define exactly the responsibilities and risks of both the buyer and the seller while the merchandise is in transit.

c. Há 13. Exemplos: EXW (Ex works), FOB (Free on Board), CIF (Cost, Insurance and Freight), DDU (Delivered Duty Unpaid), and CPT (Carriage Paid To).

d. Aprovar a versão oficial dos Incoterms 2000 ["Incoterms 2000, which have been endorsed by the United Nations Commission on International Trade Law (UNCITRAL)].

e. Livro no qual os Incoterms são definidos ("Book published by International Business Training (...) defines each of the new incoterms").

EXERCÍCIO 3 (PG. 59/60)

a. Delivery Duty Unpaid – DDU

b. Free Alongside Ship – FAS

c. Ex Works – EXW

d. Delivery at Frontier – DAF

e. Free on Board – FOB

f. Delivery Duty Paid – DDP

g. Free Carriage To – FCA

h. Cost and Freight – CFR

i. Cost, Insurance and Freight – CIF

j. Carriage paid to – CPT

k. Carriage and Insurance paid – CIP

LANGUAGE STUDY (PG. 61)

1. The exporter.

2. The importer.

3. The exporter.

5. The exporter.

(PG. 61/62)

a. Quem.

b. Who.

c. Verbo To Be (is).

(PG. 62)

Veja as frases (de 1 a 4) acima e responda: como o verbo fica depois da expressão *responsible for*? – O verbo ganha "*ing*" no final.

EXERCÍCIO 4 (PG. 62/63)

a. unloading the vessel
b. paying the international freight
c. packaging
d. paying the insurance
e. loading the vessel

· WRITING

EXERCÍCIO 1 (PG. 63/64)

b. FCA – In a FCA negotiation, the exporter is responsible for packaging, loading the cargo on the truck, inland freight. The importer is responsible for international freight, unloading the vessel, and inland freight (from the port of destination to buyer's address).

c. DDP – In a DDP negotiation, the exporter is responsible for packaging, loading the truck, inland freight (from the seller's address to the port of origin), loading the vessel, international freight, unloading, and inland freight (from the port of destination to the buyer's address).

d. CPT – In a CPT negotiation, the exporter is responsible for packaging, loading the truck, loading the vessel, international freight, and unloading. The importer is responsible for inland freight (depending on the point of delivery).

Answer Key

e. CIP – In a CIP negotiation, the exporter is responsible for packaging, loading the truck, loading the vessel, international freight, unloading, *and insurance.* The importer is responsible for inland freight (depending on the point of delivery).

f. CIF – In a CIF negotiation, the exporter is responsible for packaging, loading the truck, inland freight (from the seller's address to the port of origin), loading the vessel, international freight, and insurance. The importer is responsible for unloading and inland freight (from the port of destination to the buyer's address).

g. CFR – In a CFR negotiation, the exporter is responsible for packaging, loading the truck, inland freight (from the seller's address to the port of origin), loading the vessel, and international freight. The importer is responsible for unloading and inland freight (from the port of destination to the buyer's address).

h. FAS – In a FAS negotiation, the exporter is responsible for packaging, loading the truck, and placing the cargo on the quay. The importer is responsible for loading the vessel, international freight, unloading, and inland freight (from the port of destination to the buyer's address).

UNIT 7

· IMPORT PROCEDURES

EXERCÍCIO 1 (PG. 66)

a. Sistema de comércio exterior.

b. Pela internet.

c. Para conseguir licenças de importação para alguns produtos.

· VOCABULÁRIO

EXERCÍCIO 1 (PG. 69)

a. 5

b. 4

c. 2

d. 3

e. 1

· COMPREHENSION

EXERCÍCIO 1 (PG. 70/71)

1. A computerized information system integrated with all Brazilian government departments and institutions, which are responsible for international trade operations – Foreign Trade Integrated System.

2. It facilitates the operations and reduces paperwork.

Answer Key

3. It is the Foreign Trade Secretariat.

4. It is the Ministry of Industry and Commerce.

5. The users have a password corresponding to their Exporter and Importer Registry with the customs, which allows them to operate the system. Brazilian importers must be registered with the SECEX of the MDIC.

6. No. Import of goods using mail system, up to a value of US$ 500 and 30 kilograms are allowed without the requirement of a license. This is not applied to pharmaceuticals for individual use and gifts under US$ 50.

7. Automatic and non-automatic. The automatic license is done electronically via SISCOMEX and is granted when the products enter Brazil. When the product is subject to non-automatic license, the importer will verify it at CET Book, which will be marked with "LI" in the corresponding code.

EXERCÍCIO 2 (PG. 71)

a. 2

b. 1a

c. 3

d. 1b

· **IMPORT DUTIES**

EXERCÍCIO 1 (PG. 72)

a. CET – Common External Tariff

b. ICMS – Tax on the distribution of goods and services

c. PIS – federal Social Integration Program tax

d. IPI – Industrial products tax

e. Cofins – Contribution for the Financing of Social Security tax

· VOCABULÁRIO

EXERCÍCIO 1 (PG. 74)

a. 7

b. 4

c. 1

d. 6

e. 2

f. 5

g. 3

· COMPREENSÃO

EXERCÍCIO 1 (PG. 75)

a. Argentina, Paraguay, and Uruguay. Because they are members of the MERCOSUR (Common Market of the Southern Cone).

b. Industrial products tax (IPI) and the tax on the distribution of goods and services (ICMS).

c. It averages from 14% to a high of 20%.

d. No, it is a state tax.

e. Raw materials, or semi-processed imports and packaging materials. Because IPI is a tax on <u>manufactured</u> goods.

UNIT 8

· STEPS IN THE NEGOTIATION STAGE

TEXTO 1 (PG. 78)
a. Fax – facsimile
b. PO – purchase order
c. RFQ – Request for quotation

· COMPREENSÃO

EXERCÍCIO 2 (PG. 79/80)
1. C
2. D
3. B
4. A

LANGUAGE STUDY (PG. 80 A 84)
a. 2
b. 1

1. Verbo 'to be' ("is").

Inglês para Comércio Exterior

2. Pergunta 1 – "What". / Pergunta 2 – "Is".

3. 1ª pergunta: Informação

2ª pergunta: sim ou não

QUESTION WORDS

a. What – O que

b. Where – Aonde

c. When – Quando

d. Who – Quem

e. How – Como

f. How many – Quantos (as)

g. How much – Quanto

h. Why – Por que

RESPOSTAS POSSÍVEIS (PG. 82)

1. What is a sales agreement?

2. What is the first document involved in the formation of a sales agreement?

3. What is a request for quotation?

4. What is a sales agreement formed by?

RESPOSTAS (PG. 82/83)

1. The sales agreement is a formal contract governed by law.

2. Sometimes the first document involved in the formation of a sales agreement is a request from the buyer to the seller for a quotation (RQF).

3. This <u>request</u> will ask for a <u>price quotation</u> from the seller for a specific quantity and often a shipping date.

4. Usually, the process of <u>formation</u> of the <u>sales agreement</u> is an exchange of documents (...) that, together, constitute the sales agreement.

EXERCÍCIO 3 (PG. 83)

1. No. "whether it is informal in facsimile (fax), or letter, or formal in a printed form".

2. Before quoting a price for any specific quantity or a shipment date, it is extremely important that the exporter calculates all additional costs.

3. Price, quantity, shipment date.

4. Later, when manufacture is complete and the product is ready for shipment, the seller will prepare a commercial invoice.

· DOCUMENTOS

EXERCÍCIO 1 (PG. 85)

C

D

A

B

EXERCÍCIO 2 (PG. 85/86)

a. Purchase Order

b. Request for Quotation
c. Quotation
d. Commercial Invoice

LANGUAGE STUDY (PG. 86/87)

1. E
2. F
3. B
4. A
5. C
6. D

SENTENÇAS:

1. Sentença a: writes / Sentença b: send.
2. Presente.
3. Sim. O verbo na primeira sentença tem um "s" no final.
4. O sujeito é a terceira pessoa do singular (he/she/it).

WRITING (PG. 87/88)

Respostas possíveis:
a. First, the importer <u>sends</u> a Request for Quotation and <u>asks</u> for prices.
b. Then, the exporter <u>replies</u> with a Quotation.
c. After that, the importer <u>writes</u> and <u>sends</u> a Purchase Order.
d. Finally, the exporter <u>issues</u> the Commercial Invoice and <u>confirms</u> the transaction.

· TEXTO 2

EXERCÍCIO 4 (PG. 90)

a. Exportador – Seller / Consignee
b. Importador – Buyer / Notify
c. Líquido – Net
d. Bruto – Gross
e. Vendedor – Vendor
f. Requisito – Requirement
g. Moeda corrente – Currency
h. Quantidade, quantia – Amount
i. Encargos – Charges
j. Mercadoria – Merchandise
k. Abatimento – Allowance
l. Pedido – Order
m. Especificações – Specifications
n. Item – Item
o. Frete – Freight

EXERCÍCIO 5 (PG. 91 A 97)

DOCUMENTO A

a. Request for Quotation.
b. Name, address, City and state, signature.
c. Name, address, signature.
d. Classification, quantity, specifications, price (net and gross).

DOCUMENTO B
a. Quotation.

b. Name, address, signature.

c. Name, address.

d. Quantity, description, price, amount

DOCUMENTO C
a. Purchase Order.

b. Name and address.

c. Name and address.

d. Quantity, description, packaging instructions, unit price, total price, special packaging requirements.

DOCUMENTO D
a. Commercial Invoice.

b. Name and address.

c. Name and address.

d. Packaging, quantity, Net weight (NET WT), gross weight (GROSS WT), description, unit price, total value, package marks.

Answer Key

· WRITING

EXERCÍCIO 1 (PG. 97 A 101)

QUOTATION REQUEST

From _Sanders & Lowe Ltd._

Street Address _15 Whale Drive_

City and State _Ontario, Canada_

Inquiry No. _____

Date _March 23, 2010_

Classification _____

To ⌐ _Glaston Potteries Ltd._
Clayfield Burnley.
London UK
j.merton@glaston.co.uk ⌐

PLEASE NOTE CAREFULLY

This inquiry implies no obligation on the part of the buyer.

Unless otherwise specified, there is no restriction on the number of items, that may be ordered.

In quoting, use duplicate copy of this form provided. Fill in complete information before returning.

Do not quote on articles you cannot supply. If substitutes are offered, make full explanation.

THIS IS AN INQUIRY—NOT AN ORDER

| Delivery Point | By | ☐ Parcel Post ☐ Rail Freight Line _____ | | | If not indicated, suggest most practical way. |

Prices Quoted F.O.B. _____ Freight Allowance _____

Shipping Point _____

Terms: _____ % Discount _____ Days Net Cash _____ Days No charge to be made for packing, boxing crating or delivery to Transportation Co.

ITEM NO.	QUANTITY	ITEM AND SPECIFICATIONS	*	UNIT	LIST PRICE OF UNIT	DISCOUNT OFFERED	NET UNIT PRICE	ESTIMATED GROSS WT.
		Sets of crockery packed in 6 crates (10 per crate)						

* Check-mark in this column indicates shipment can be made from stock.

Delivery of other items as follows: _____

Subject to withdrawal _____ Date returned _____

For Seller _____ For Buyer _____

CASCADE® L1-C2431 PRINTED IN U.S.A.

» **Source:** JOHNSON, T. E. **Export/Import: procedures and documentation.** New York: AMACOM, 2002.

Inglês para Comércio Exterior

QUOTATION

From Glaston Potteries Ltd.
Clayfield Burnley.
London UK
j.merton@glaston.co.uk

To Sanders & Lowe Ltd.
15 Whale Drive
Ontario, Canada

Inquiry No._____

Date_____

Terms_____

Prices quoted are
F.O.B._____

Delivery_____

We are pleased to quote as follows. Your inquiry

Quantity	Description	Price	Amount
60	Crates of crockery	60	

SPECIMEN

TOPS form 3448 LITHO IN U S A

By_____

Courtesy of Tops Business Forms.

» **Source:** JOHNSON, T. E. **Export/Import: procedures and documentation.** New York: AMACOM, 2002.

Answer Key

	PURCHASE ORDER		UNITRAK®
Copyright © 1986 UNZ & CO.			

VENDOR
Glaston Potteries Ltd.
Clayfield Burnley,
London UK

PURCHASER
Sanders & Lowe Ltd.
15 Whale Drive
Ontario Canada

PRO FORMA INVOICE NO.	DATE

PURCHASE ORDER NO.	DATE

CONSIGNEE

NOTIFY/INTERMEDIATE CONSIGNEE
Sanders & Lowe Ltd.
15 Whale Drive
Ontario Canada

MFR. ITEM NO., SYMBOL, OR BRAND	QUANTITIES, FULL DESCRIPTION OF MERCHANDISE, AND PACKAGING INSTRUCTIONS	UNIT PURCHASE PRICE CURRENCY	TOTAL PURCHASE PRICE CURRENCY
	60 sets of crockery in 6 crates (10 sets per crate)		

SPECIAL PACKAGING REQUIREMENTS

	OCEAN/AIR FREIGHT	
INCLUDED COSTS		
	TOTAL	

RELEASE NO.	ITEM AND QUANTITY	DELIVERY DATE	PORT OF ENTRY	CARRIER
	60 sets of crockery in 6 crates (10 sets per crate)			

DOCUMENT REQUIREMENTS

TERMS OF PAYMENT
Letter of Credit
FOB

Form 16-310 Printed and Sold by UNZ 190 Baldwin Ave., Jersey City, NJ 07306 - (800) 631-3098 - (201) 795-5400
VENDOR

Reprinted with permission from Bradford Stone's *West's Legal Forms*, Second Edition, copyright © 1985 by West Publishing Co.

» **Source:** JOHNSON, T. E. **Export/Import: procedures and documentation.** New York: AMACOM, 2002.

Inglês para Comércio Exterior

COMMERCIAL INVOICE

Copyright © 1988 UNZ & CO.

SHIPPER/EXPORTER				COMMERCIAL INVOICE NO.		DATE	
Glaston Potteries Ltd. *Clayfield Burnley,* *London UK*				CUSTOMER PURCHASE ORDER NO.	B/L, AWB NO.		
				COUNTRY OF ORIGIN *UK*	DATE OF EXPORT		
CONSIGNEE				TERMS OF PAYMENT			
				EXPORT REFERENCES			
NOTIFY: INTERMEDIATE CONSIGNEE				*Letter of Credit* *FOB*			
FORWARDING AGENT				AIR/OCEAN PORT OF EMBARKATION			
Sanders & Lowe Ltd.				EXPORTING CARRIER/ROUTE			

Terms of Sale and Terms of Payment under this offer are governed by Incoterms # 322, "Uniform Rules For The Collection Of Commercial Paper" and # 400 "Uniform Customs And Practice For Documentary Credits"

PKGS.	QUANTITY	NET WT. (Kilos)	GROSS WT. (Kilos)	DESCRIPTION OF MERCHANDISE	UNIT PRICE	TOTAL VALUE
	60			*Sets of crockery*		

PACKAGE MARKS:	MISC. CHARGES (Packing, Insurance, etc.)	
	INVOICE TOTAL	

CERTIFICATIONS

AUTHORIZED SIGNATURE

Form 15-320 Printed and Sold by UNZ© 190 Baldwin Ave., Jersey City, NJ 07306 - (800) 631-3098 - (201) 795-5400

Reprinted with permission of Unz & Co., 190 Baldwin Ave., Jersey City, NJ 07306, USA.

» **Source:** JOHNSON, T. E. **Export/Import: procedures and documentation.** New York: AMACOM, 2002.

UNIT 9

· FORMS OF PAYMENT
· VOCABULÁRIO

EXERCÍCIO 2 (PG. 105)

a. chegar
b. entrega
c. oferece
d. realizado, alcançado
e. Nota promissória

· READING

EXERCÍCIO 1 (PG. 106/107)

a. Four.
b. Payment in Advance, Open Account, Documentary Collection, Letter of Credit.
c. Open Account, Documentary Collection, Letter of Credit.
d. Payment in Advance.
e. Payment in Advance.
f. Open Account.
g. Letter of Credit.

· PAYMENT IN ADVANCE

EXERCÍCIO 1 (PG. 108/109)

a. 8

b. 2

c. 6

d. 1

e. 5

f. 7

g. 9

h. 3

i. 4

· OPEN ACCOUNT TRADING

EXERCÍCIO 1 (PG. 109/110)

1. Importer and exporter close the sales contract.

2. The importer requests the IL.

3. SISCOMEX grants the IL.

4. The exporter ships the product (to Customs).

5. The exporter sends the shipping documents (to the importer).

6. The importer clears the cargo.

7. The importer pays for the product.

8. The importer's bank transfers the payment to the exporter's bank.

9. The exporter's bank informs their client of the payment.

· TIME DRAFT AND SIGHT DRAFT (pg. 110/111)

1. Sight draft
2. Time draft

PALAVRAS-CHAVE:
1. "Upon the transfer of the goods"
   "*at that moment*"
2. "Some specified time"
   "(30 or 60 days)"
   "*after*"

· LETTER OF CREDIT
· PART I

EXERCÍCIO 1 (PG. 112 A 114)
Steps
3
4
1
2

· WORD STUDY

EXERCÍCIO 3 (PG. 114)
a. 2 / 4
b. 1

c. 3

d. 5

· COMPREHENSION

EXERCÍCIO 1 (PG. 115/116)

a. Most letters of credit require the exporter to supply and invoice, appropriate customs documents, a bill of lading, a packing list, and proof of insurance. Depending on the product, the importer's bank may ask for additional documentation, such as *export licenses, certificates of product origin*, and *Inspection certificates*.

b. Seven documents.

c. *Export licenses, certificates of product origin*, and *Inspection certificates*.

d. Irrevocable letter of credit can't be changed without the written consent of the importer and the exporter.

e. The bank can alter the revocable letter of credit at any time for any reason.

f. Irrevocable letter of credit.

EXERCÍCIO 2 (PG. 116/117)

1. c

2. d

Answer Key

· PART II

EXERCÍCIO 1 (PG. 117/118)

5. The exporter sends the cargo to the importer.

6. The exporter sends the shipping documents.

7. The advising bank transfers the documents to the issuing bank.

8. The issuing bank informs its client of the transfer of the documents.

9. The importer pays for the product.

10. The issuing bank transfers the payment to the advising bank.

11. The advising bank informs the exporter of the payment.

PROJETO (PG. 118/119)

Exemplo

Company 1

Price – US$ 8,000.00 (eight thousand dollars)

Freight – US$ 1,200.00 (one thousand two hundred dollars)

Insurance – US$ 150.00 (one hundred and fifty dollars)

Payment form – CAD (Cash Against Documents)

Customs Value: Price + Freight = CFR + Insurance = CIF
CIF + CET (20% of FOB) = Customs Value

US$ 8,000.00 + US$ 1,200.00 = US$ 9,200.00 (CFR)

Eight thousand dollars plus one thousand two hundred dollars equals nine thousand and two hundred dollars.

US$ 9,200.00 + US$ 150.00 = US$ 9,350.00 (CIF)
Nine thousand two hundred dollars plus one hundred fifty dollars equals nine thousand three hundred fifty dollars

20% of US$ 8,000.00 = US$ 1,600.00 (CET)
Twenty percent of eight thousand dollars equals one thousand six hundred dollars
US$ 9,350.00 + US$ 1,600.00 = US$ 10, 950.00 (Customs value)
Nine thousand three hundred and fifty dollars plus one thousand six hundred dollars equals ten thousand, nine hundred and fifty dollars.

The customs value is ten thousand, nine hundred and fifty dollars.

Company 2
Price – US$ 7,800.00 (seven thousand eight hundred dollars)
Freight – US$ 1,200.00 (one thousand two hundred dollars)
Insurance – US$ 150.00 (one hundred and fifty dollars)
Payment form – LC (Letter of Credit)

US$ 7,800.00 + US$ 1,200.00 = US$ 9,000.00 (CFR)

Seven thousand eight hundred dollars plus one thousand two hundred dollars equals nine thousand dollars.

US$ 9,000.00 + US$ 150.00 = US$ 9,150.00 (CIF)
Nine thousand dollars plus one hundred fifty dollars equals nine thousand one hundred fifty dollars

20% of US$ 7,800.00 = US$ 1,560.00 (CET)
Twenty percent of seven thousand eight hundred dollars equals one thousand five hundred and sixty dollars

US$ 9,150.00 + US$ 1,560.00 = US$ 10, 710.00
Nine thousand one hundred and fifty dollars plus one thousand, five hundred and sixty dollars equals ten thousand, seven hundred and ten dollars.

OBS.: Como não foi descrito, neste livro, todo o processo de cálculo dos custos de importação, o aluno pode calcular os impostos conforme seu conhecimento ou conforme o site: http://www.receita.fazenda.gov.br/aliquotas/default.htm ou http://www.portaltributario.com.br/artigos/tributosimportacao.htm.

Deve levar em consideração os Incoterms em cada caso e as formas de pagamento. Por fim, deve comparar os preços (provavelmente Company 2 terá custo mais alto pelo fato de se usar Carta de Crédito) e escolher pelo preço ou pela transação mais segura. Company 2, apesar de ser mais dispendiosa, oferece maior segurança pela Carta de Crédito. Por outro lado, Company 1 oferece, além do melhor preço, o carregamento do navio.

REFERENCES

· Dictionaries

AGÊNCIA de Comunicação Internacional dos Estados Unidos da América. *A Linguagem do Comércio.* Brasília.

BUSINESS Glossary. Disponível em <http://www.all-business.com/glossaries/vendor/4942711-1.html>. Acesso em: 08/03/2012.

FILHO, E. G. *Dicionário de Comércio Exterior e Câmbio.* São Paulo: Saraiva, 2004.

LUCCA, J. L. de. *Dicionário de Transporte Internacional.* São Paulo: Aduaneiras, 1992.

MARTINS, A. C. *Dicionário Comercial Marítimo.* Assessoria técnica de Murilo de Castro Monte Filho.1ª edição. ACM Publicações, 1995.

PINHO, M. O. de M. *Dicionário de Termos de Negócios.* 3ª ed. São Paulo: Atlas, 2005.

PONTES, Y. S. (Org.) *Dicionário de Comércio Exterior.* 5ª ed. São Paulo: Aduaneiras, 2004.

· Other Reference Books

ASHLEY, A. *Oxford Handbook of Commercial Correspondence.* Oxford: Oxford University Press, 2009.

BOWLER, B.; PARMINTER, S. "Mixed-Level Teaching: Tiered Tasks and Bias Tasks". In: *Methodology in Language Teaching: an Anthology of Current Practice.* New York: Cambridge University Press, 2005.

CAMBRIDGE Dictionary. New York: Cambridge University Press, 1995.

GRIFFIN, R.; PUSTAY, Michael W. *International Business: a managerial perspective.* New Jersey: Pearson Prentice Hall, 2007.

IMPORTE Procedure in Brazil. Available in : < HYPERLINK "http://www.ccab.com.br/site/areafile/analise/Brazilian%20Import%20Procedure.pdf" http://www.ccab.com.br/site/areafile/analise/Brazilian%20Import%20Procedure.pdf >. Access: 03/08/2012.

INCOTERMS 2010. Available in < HYPERLINK "http://www.iccwbo.org/incoterms/id3038/index.html" http://www.iccwbo.org/incoterms/id3038/index.html>. Access: 03/08/2012.

INCOTERMS 2010 Rules. Available in < HYPERLINK "http://www.i-b-t.net/incoterms.html" http://www.i-b-t.net/incoterms.html >. Access: 03/08/2012.

JOHNSON, T. E. *Export/Import: procedures and documentation.* New York: AMACOM, 2002.

SIMPSON, J. A.; WEINER, E. S. C. *Compact Oxford English Dictionary.* Available in: < HYPERLINK "http://www.askoxford.com/dictionaries/compact_oed/?view=get" http://www.askoxford.com/dictionaries/compact_oed/?view=get >. Access: 03/08/2012.

HYPERLINK "http://2.bp.blogspot.com/_Nm75V_i_4h8/Sx_LrK-QuLI/AAAAAAAAA4s/G1XPDQyA2zY/s320/-siscomex.jpg" http://2.bp.blogspot.com/_Nm75V_i_4h8/Sx_LrK-QuLI/AAAAAAAAA4s/G1XPDQyA2zY/s320/siscomex.jpg

UN suspends international trade in caviar. Available in: <http://www.breakingnewsenglish.com/0601/060104-caviar-e.html>. Access: 08/03/2012.

Este livro foi impresso em julho de 2012 pela
Yangraf Gráfica e Editora Ltda., sobre papel 90g/m².